Der Engel und sein Glöckchen

Eine Weihnachtsgeschichte von Michael Breu
mit Bildern von Aleš Vrtal

echter

Die Blätter sind rot und gelb gefärbt. Sogar Laub liegt schon auf dem Boden. Die Nächte werden immer länger, die Tage sind um so kürzer.
Hier bei uns.

In Sternhausen ist viel los. Die Engel haben ein großes Fest vorbereitet. Die Milchstraße wurde auf Hochglanz poliert und die Sterne extra geschmückt.

Zum ersten Mal darf auch Maximilian mit dabei sein. Er ist vier Jahre alt und hat letzte Woche seine erste Prüfung zum Schutzengel bestanden.

Zunächst steht ein Ausflug zu den Sternschnuppen auf dem Programm. Die sind für Schutzengel besonders wichtig, weil sich die Menschen, wenn sie sie sehen, etwas wünschen können.

Nachdem der Harfenspiel-Unterricht beendet ist, eilt Maximilian nach Hause. Dort zieht er sich warme Kleidung an; ein dickes Hemd, einen Schal und Handschuhe. Auch sein Glöckchen nimmt er mit.

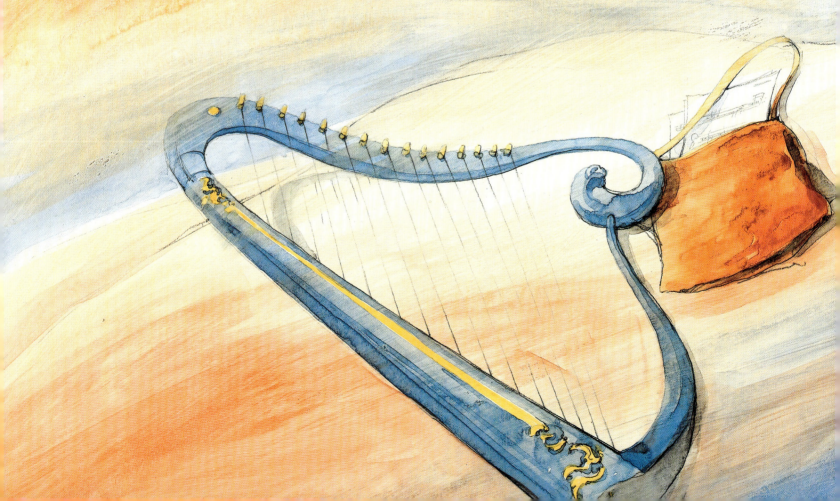

„Gib nur Acht", mahnt Maximilians Mama zum Abschied, „dass du dich beim Fliegen nicht erkältest".

Auf dem Dorfplatz von Sternhausen warten schon die anderen Engel.

Geduld ist für sie wichtig. „Weil wir mit den Menschen zu tun haben, brauchen wir ganz viel davon", hatte der Lehrer der Schutzengel-Schule immer wieder erinnert.

„Maximilian! Da bist du ja", freuen sich die Engel. Stolz zeigt er ihnen sein golden glänzendes Glöckchen.

Jetzt machen sich alle auf den Weg. Maximilian voraus.

Unterwegs nehmen Michael und Gabriel Maximilian beiseite.

„Der Flug zu den Sternschnuppen ist ein alter Brauch", sagt Gabriel. „Schon seit vielen Jahren findet er in der Heiligen Nacht statt.
Und immer darf ein kleiner Schutzengel mitkommen."

„Es ist deine letzte Prüfung", ergänzt Michael. „Erst wenn du sie bestehst, darfst du zu den Menschen auf die Erde."

Jetzt kommt ein starker Wind auf. Sch, schsch, blasen die Sturmwolken. Die Engel müssen aufpassen, dass sie nicht weggewirbelt werden.

Maximilian friert. Er wickelt den Schal fest um seinen Kopf. – Und dabei passiert es!
„Oh mein Gott", sagt Maximilian leise. „Oh mein Gott, mein Glöckchen! – Ohne mein Glöckchen bin ich kein richtiger Engel mehr. Was werden nur die anderen von mir denken – Gabriel und Michael, Mama, mein Lehrer und die Freunde?"

Maximilian hat sein Glöckchen verloren.
Mit gesenktem Kopf geht er zu Gabriel und Michael und beichtet es ihnen.

„Das ist gar nicht gut", sagen die Erzengel streng. „Wenn du dein Glöckchen verloren hast, musst du es suchen. – Das gehört zu deiner Prüfung."

Maximilian macht sich auf den Weg.
Er guckt hinter den Sternschnuppen
nach und unter den Wolken.
Vergebens. „Nichts, nichts, nichts",
seufzt er vor sich hin.

Da taucht vor ihm ein großes
Schloss auf. Aus dem Fenster
hört man leise Musik,
Maximilians Herz pocht
schnell. Er klopft an
die schwere Tür.
Sie öffnet sich.

„Sei willkommen, komm herein", sagt eine tiefe Stimme.
Maximilians Herz wird ganz warm.
„Wer ist das?", denkt der kleine Engel. Langsam geht er
in die große Halle.

Ein Mann mit einem Bart sitzt auf einem Lehnstuhl.
Michael und Gabriel stehen neben ihm.

Zögernd folgt Maximilian der Aufforderung.
Die Musik spielt noch immer.

„Ab heute bist du ein richtiger Schutzengel", sagt der Mann.
„Du hast dein Glöckchen ganz alleine zwischen den
Sternschnuppen gesucht.
Dazu gehört viel Mut. Schutzengel brauchen Mut."

Auf einem roten Samtkissen überreicht er
Maximilian einen großen Heiligenschein: „Dieser Glanz wird
dein Zeichen sein."

Jetzt darf Maximilian zu den Menschen auf die Erde.

Er wird sie beschützen und ihnen helfen, wo er kann. Den Kindern
vor allem, aber auch deren Eltern, Großeltern und all den anderen
Leuten. „Für mich ist dies das schönste Weihnachtsgeschenk",
sagt Maximilian gerührt.

Inzwischen ist Maximilians Glöckchen auf die Erde gefallen.
Sanft ist es im Schnee gelandet.

Wenn ein Kind das Glöckchen findet, bringt es ihm Glück.
Das erzählen die Engel.

Die Deutsche Bibliothek – CIP-Einheitsaufnahme

Der Engel und sein Glöckchen : Eine Weihnachtsgeschichte von Michael Breu.
Mit Bildern von Aleš Vrtal. – Würzburg : Echter, 2002
　ISBN 3-429-02419-6

© 2002 Echter Verlag Würzburg
Lektorat: Ernst-Otto Luthardt
Gesamtherstellung: Druckerei Theiss GmbH, A-9431 St.Stefan
ISBN 3-429-02419-6